Prefazione
In Viaggio verso l'Umanesimo Digitale

Attraversare la soglia dell'era dell'intelligenza artificiale (IA) significa intraprendere un viaggio verso un nuovo paradigma: l'umanesimo digitale. Come il Rinascimento ha segnato un'epoca di rinnovamento e rinascita, oggi assistiamo alla fioritura di una nuova era caratterizzata dall'innovazione e dalla digitalizzazione, con l'IA come motore trainante.

Secondo le stime dell'OCSE, la spesa globale per l'intelligenza artificiale (IA) supererà i 110 miliardi di dollari nel 2024, confermando il ruolo sempre più centrale che questa tecnologia riveste nelle nostre vite. Tuttavia, l'avvento dell'IA non segna il tramonto del fattore umano; al contrario, amplifica le nostre capacità, offrendoci strumenti per affrontare sfide complesse in modi nuovi e innovativi.

Come ha sottolineato il filosofo e linguista Noam Chomsky sul New York Times, la mente umana è un sistema sorprendentemente efficiente ed elegante che cerca di creare spiegazioni piuttosto che dedurre correlazioni brutali dai dati. L'IA, quindi, non è destinata a escludere l'uomo, ma piuttosto a coinvolgerlo in un dialogo fecondo e innovativo.

Il ruolo dell'IA nell'ambito della salute e del benessere umano è particolarmente delicato e significativo. L'assistenza sanitaria è diventata un terreno fertile per l'applicazione dell'IA, con il potenziale di trasformare radicalmente la diagnosi, il trattamento e la gestione delle patologie. Tuttavia, questa trasformazione porta con sé sfide e rischi, come il corretto utilizzo dei dati, la protezione della privacy e il rischio di pregiudizi algoritmici.

Anche il settore farmaceutico non è immune a queste trasformazioni. Già oggi vediamo l'IA all'opera nei processi di gestione delle scorte e delle operazioni di magazzino, ma le prospettive future ci portano oltre, verso applicazioni più avanzate come la telemedicina e il monitoraggio a distanza dei pazienti fragili. Tuttavia, la vera sfida non è solo tecnologica, ma anche culturale: come integrare l'IA nella pratica farmaceutica in modo etico ed efficace?

In questo contesto, il professionista farmaceutico gioca un ruolo chiave. L'IA può semplificare le operazioni gestionali, migliorare la gestione dei regimi terapeutici e personalizzare la medicina, ma è il farmacista che deve guidare questa trasformazione, sfruttando al meglio le potenzialità dell'IA senza perdere di vista l'importanza del rapporto umano e della cura personalizzata.

Questo libro si propone di esplorare Il tema dell'e-commerce farmaceutico nell'era dell'umanesimo digitale, offrendo spunti di riflessione e strategie pratiche per affrontare le sfide e cogliere le opportunità offerte dall'IA. Attraverso casi di studio, testimonianze e approfondimenti, ci addentreremo in un mondo in cui la tecnologia e l'umanità si incontrano, aprendo nuove frontiere per la farmacia del futuro. Spero che questo viaggio sia per te così stimolante e coinvolgente come lo è stato per me nel concepirlo e scrivendolo.

Capitolo I
Paura ed Abitudini: un Blocco di Mentalità insidioso

Il motore del Cambiamento è l'essenza stessa della vita, ma come sappiamo la quotidianità è ricca di abitudini, paure e mentalità consolidate che possono diventare un ostacolo rischioso.

La digitalizzazione si è fatta avanti prepotentemente nella vita quotidiana anche dei più refrattari durante gli anni recenti della pandemia, anni in cui le abitudini di tutti sono state stravolte in modo traumatico e dove paure e sofferenze hanno toccato molti negli affetti.

La tecnologia ha aiutato a proteggere, a restare connessi e vicini in modo diverso, ad ampliare le possibilità di apprendimento a distanza e contenendo i costi in molti ambiti.

Questo però non è stato un bene in assoluto perché un processo di cambiamento così rapido non ha consentito ai molti di effettivamente capire ed evolversi in ambito aziendale.

Digitalizzazione della farmacia è una necessità: un italiano su tre ricorre al web per bisogni di salute

Il 33,5% degli italiani si rivolge ai canali digitali per cercare informazioni sulla salute e il benessere. Rispondere a questa domanda è un imperativo per le farmacie.

Oggi più che mai, le persone si rivolgono ai canali digitali per cercare informazioni sulla salute e il benessere: secondo il report We are Social 2022, il 33,5% degli italiani naviga per risolvere problemi o trovare prodotti legati alla salute. Rispondere a questa domanda digitale è diventato un imperativo per le farmacie, che devono adottare soluzioni innovative per rimanere competitive.

La digitalizzazione della farmacia non è più una scelta ma una necessità per garantire la sopravvivenza a lungo termine. Non c'è dubbio, infatti, che le aziende che prosperano oggi sono quelle che hanno fatto del loro marchio una presenza online.

Sappiamo bene come l'attività in farmacia, specie di quelle con un organico più ristretto, non lasci molto tempo per una gestione autonoma e completa di una presenza omnicanale. Come fare?

Esistono soluzioni innovative basate sull'intelligenza artificiale che consentono di promuovere prodotti e servizi in ogni canale di comunicazione usato dai clienti integrandoli in un'unica piattaforma, e soluzioni di AI conversazionale che consentono di automatizzare una parte del Servizio ai clienti. Non parlo di fantascienza ma di soluzioni reali.

E' necessario aprirsi all'innovazione e non temerla affidandosi a professionisti capaci di guidarvi verso scelte che portino valore e profitto alla farmacia.

Posizionarsi Rispetto ai Consumi: Una Nuova Prospettiva per la Farmacia Tradizionale

Nella complessa rete dell'e-commerce e delle dinamiche di consumo moderne, la farmacia tradizionale si trova di fronte a una sfida cruciale: evolvere la propria visione da una focalizzazione sulla geolocalizzazione alla comprensione e all'adattamento ai modelli di consumo emergenti.

Per lungo tempo, il ruolo principale della farmacia è stato quello di presidiare la domanda nella sua area geografica, sfruttando la prossimità fisica per soddisfare le esigenze dei clienti locali. Tuttavia, con l'avanzare dell'e-commerce e dei cambiamenti nelle abitudini di consumo, diventa sempre più evidente che il futuro del settore farmaceutico risiede nell'adattarsi ai modelli di consumo piuttosto che alla mera territorialità.

Questo significa che le farmacie devono abbracciare una nuova prospettiva, concentrando i loro sforzi non solo sulla posizione fisica, ma anche sull'analisi approfondita dei comportamenti e delle preferenze dei consumatori. È essenziale comprendere cosa spinge i clienti a fare acquisti e come possono essere soddisfatte le loro esigenze in modo più efficace ed efficiente.

In questo contesto, l'e-commerce emerge come un'opportunità chiave per le farmacie di ampliare il proprio raggio d'azione e di raggiungere una base di clienti più ampia.

Tuttavia, per sfruttare appieno il potenziale dell'e-commerce, le farmacie devono superare le resistenze mentali e adottare una mentalità aperta e innovativa.

E' il momento, quindi, di esplorare le sfide e le opportunità legate alla transizione della farmacia verso un modello di business più orientato ai consumatori, costruendo strategie pratiche per posizionarsi in modo efficace rispetto ai cambiamenti nei modelli di consumo e per capitalizzare sulle nuove opportunità offerte dall'e-commerce e dall'economia digitale.

Capitolo II
E-Commerce: la Chiave che Apre alla Relazione Farmacia e Mercato

Dalla mia esperienza di Consulente e Store Manager, che ha introdotto il primo Cruscotto di Gestione in Italia basato sulla metodologia Balanced ScoreCard, emerge l'importanza cruciale di un'analisi approfondita per affrontare con successo le dinamiche del mercato farmaceutico.

È fondamentale considerare attentamente i prezzi di acquisto e vendita, costruire e gestire l'offerta e l'inventario, puntando a un equilibrio ottimale tra l'Indice di Potenzialità e l'Indice di Competizione, prima di intraprendere azioni di marketing online. Questo approccio, derivante dalla metodologia Balanced ScoreCard, si rivela essere una carta vincente per raggiungere gli obiettivi di vendita e massimizzare la marginalità.

L'e-commerce in Farmacia è un capitolo che presenta sfide ed opportunità centrali per far crescere la relazione tra Farmacia e clienti.

Ci muoviamo, oggi, in un nuovo paradigma, basato sull'integrazione dei canali di vendita e sull'adozione di strategie multicanale che hanno aperto nuove prospettive per le farmacie nel raggiungere e soddisfare le esigenze dei clienti in modo più efficace ed efficiente.

Gestire con successo un e-commerce richiede, certamente, competenze specifiche in digital marketing e una consulenza personalizzata, ma sono aspetti oggi pienamente accessibili con e-commerce supportati da IA e consulenza di gestione che azzerano le barriere per accedere a questa evoluzione.

Ciò che è davvero importante per la farmacia è essere in grado di offrire un'esperienza di acquisto online soddisfacente, mantenendo al contempo l'importanza della consulenza e dell'assistenza personalizzata offerta nel negozio fisico.

È interessante notare che questa trasformazione non è riservata solo alle grandi realtà, ma anche alle piccole "farmacie di paese".

Nel 2023, 77 nuove autorizzazioni all'e-commerce di farmaci SOP-OTC sono state rilasciate, portando il totale degli e-commerce di farmacie e parafarmacie a 1.379 attività ad aprile 2023.

Le prime cinque regioni per numero di autorizzazioni coprono quasi il 60% del totale e sono: Campania (263), Lombardia (162), Lazio (137), Piemonte (131) ed Emilia-Romagna (109).

Capitolo III
Sostenibilità nell'e-Commerce: Guida Umana ed IA Insieme per Scrivere il Futuro

Nel mondo in continua evoluzione dell'e-commerce farmaceutico, è cruciale non solo adattarsi ai cambiamenti, ma anche anticipare le tendenze future. In questo contesto, l'intersezione tra la guida umana e l'intelligenza artificiale (IA) emerge come un elemento fondamentale per la sostenibilità e il successo a lungo termine delle farmacie online.

Tra le innovazioni italiane nel campo della gestione della Farmacia online, spicca il cruscotto Balanced ScoreCard che ho messo a punto grazie ad una lunga esperienza nel settore ed alla sinergie di competenze trasversali.

Questo strumento rappresenta un'eccellenza nel monitoraggio e nell'ottimizzazione delle performance della farmacia, integrando metriche finanziarie e non finanziarie per guidare decisioni strategiche informate.

L'implementazione dell'intelligenza artificiale all'interno dell'e-commerce farmaceutico è spesso vista con scetticismo da parte dei professionisti del settore. Tuttavia, è importante assumere che la vera chiave del successo risiede nella collaborazione tra la guida umana e l'IA.

Mentre l'IA può offrire analisi predittive e automatizzate, è il ruolo umano che conferisce intuizione, empatia e comprensione delle sfumature che caratterizzano il rapporto con i clienti.

Un altro elemento che mi piace sempre porre all'attenzione parlando di e-commerce è sottolinearne l'Imperativo Etico.

In un'epoca in cui la sostenibilità ambientale è al centro delle preoccupazioni globali, infatti, anche l'e-commerce farmaceutico deve adottare pratiche eco-friendly. Questo include l'utilizzo di hosting a basso impatto energetico, contenuti digitali ottimizzati per il consumo di risorse ridotto e l'adozione di un approccio green nell'intera catena di approvvigionamento.

L'intelligenza artificiale, quando integrata in modo efficace nell'e-commerce farmaceutico, può offrire un'esperienza digitale altamente personalizzata ai clienti.

I chatbot con intelligenza artificiale possono fornire risposte immediate e mirate alle domande dei clienti, migliorando significativamente l'efficienza del servizio clienti e aumentando la soddisfazione complessiva.

Per massimizzare l'impatto dell'e-commerce farmaceutico, è essenziale adottare un approccio olistico alla promozione e alla comunicazione.

Oltre a promuovere il sito web attraverso i social media e altri canali digitali, è importante creare un piano di contenuti rilevante e informativo, posizionando la farmacia come un'authority nel settore della salute e del benessere.

Guardando al futuro, l'e-commerce farmaceutico continuerà a evolversi rapidamente, guidato dall'innovazione tecnologica e dalle esigenze mutevoli dei consumatori. La sinergia tra la guida umana e l'intelligenza artificiale continuerà a essere un elemento chiave per navigare in questo scenario in rapida evoluzione, garantendo un'eccellenza operativa e una soddisfazione del cliente ottimale.

Capitolo IV
Oltre i Distributori Automatici H24
La Vera Portata della Digitalizzazione nel Settore
Farmaceutico

La digitalizzazione in farmacia ha generato grandi aspettative, spesso accompagnate da confusioni riguardo al suo impatto reale sulle farmacie. Tra le molte innovazioni, i distributori automatici H24 sono stati spesso visti come il volto più tangibile di questa trasformazione digitale.

Tuttavia, è cruciale comprendere che la digitalizzazione va ben oltre la semplice presenza di questi distributori, e anzi, concentrarsi esclusivamente su di essi potrebbe offuscare il vero potenziale della digitalizzazione nel settore.

I distributori automatici H24, sebbene offrano comodità e accesso ai farmaci in orari non convenzionali, rappresentano solo una minima parte dell'ampio panorama della digitalizzazione farmaceutica. Quest'ultima abbraccia una vasta gamma di tecnologie e strategie, dalle piattaforme e-commerce all'implementazione di sistemi di gestione avanzati.

Il consiglio che condivido quotidianamente con i farmacisti è quello di spostare l'attenzione dall'accesso ai farmaci alla creazione di una strategia digitale completa. Questo significa focalizzarsi sull'informazione e sul direct marketing, educando i clienti sulle opzioni di trattamento disponibili, offrendo consulenza personalizzata e promuovendo iniziative mirate attraverso canali digitali.

È importante sottolineare che, nonostante la loro utilità in determinati contesti, i distributori automatici H24 presentano limitazioni significative. Essi offrono un supporto limitato su una gamma ristretta di prodotti e non possono sostituire l'importante ruolo del farmacista nell'offrire consulenza personalizzata e assistenza specializzata.

Per realizzare una vera crescita e ampliare la scala di mercato della farmacia, è essenziale adottare una visione più ampia della digitalizzazione. Questo implica l'adozione di strategie digitali che coinvolgono l'intera catena del valore, dall'approvvigionamento alla distribuzione, fino alla relazione con il cliente.

In conclusione, i distributori automatici H24 rappresentano solo una parte limitata della trasformazione digitale nel settore farmaceutico. È fondamentale che le farmacie adottino una prospettiva più ampia, concentrandosi sulla creazione di una strategia digitale completa che migliorino l'esperienza complessiva del cliente e consentano una vera crescita nel mercato farmaceutico.

Capitolo V
Il Metodo Balanced ScoreCard per Avviare un Progetto Digitale

Nel mondo in continua evoluzione dell'e-commerce farmaceutico, l'adozione di approcci strategici e metodologie consolidate è fondamentale per il successo dei progetti digitali.

In questo contesto, il Metodo Balanced ScoreCard (BSC) rappresenta un pilastro fondamentale per avviare con successo un progetto digitale, garantendo un'analisi approfondita e un'ottimizzazione delle performance attraverso il Cruscotto BSC di Store Management.

Analisi della Domanda
Indice di Potenzialità dell'Inventario:

La prima fase consiste nell'analizzare attentamente la domanda del mercato e valutare il potenziale dell'inventario della farmacia. Questo include l'identificazione dei prodotti richiesti dai clienti, la previsione della domanda futura e la gestione ottimale delle scorte per soddisfare le esigenze del mercato.

Analisi dei Competitor
Indice di Competizione:

È fondamentale comprendere il contesto competitivo in cui opera la farmacia. Questo coinvolge l'analisi approfondita dei concorrenti diretti e indiretti, la valutazione delle loro strategie di marketing e vendita, nonché l'identificazione dei punti di forza e di debolezza rispetto alla propria attività.

Analisi delle Conversioni
Indice di Chiusura:

La fase successiva si concentra sull'analisi delle conversioni, ovvero il processo attraverso il quale i potenziali clienti vengono trasformati in clienti effettivi. Questo include l'ottimizzazione del funnel di vendita, l'identificazione dei punti critici nel percorso di acquisto e l'implementazione di strategie per migliorare il tasso di conversione.

Analisi Perdite e Fidelizzazione
Indice di Marginalità Lorda:

Infine, è importante analizzare le eventuali perdite, gestirle per minimizzarle e concentrarsi sulla fidelizzazione dei clienti per massimizzare la marginalità lorda.

Questo implica l'identificazione delle cause di perdita di clienti, l'implementazione di programmi di fidelizzazione efficaci e il monitoraggio costante delle metriche di redditività.

L'approccio di consulenza impostato con il Metodo Balanced ScoreCard consente di sviluppare una progettazione di fattibilità iniziale, tenendo conto delle ore lavoro potenziali per le risorse interne alla farmacia.

Questo permette di customizzare il progetto in modo da rispondere alle esigenze specifiche della singola realtà, predisponendo ogni automazione e collegamento per il backoffice dell'e-commerce.

In questo modo, la progettazione è inserita in un quadro certo e bilanciato, garantendo una transizione fluida e una gestione efficiente del progetto digitale della farmacia.

Inoltre, è importante sottolineare che la Balanced ScoreCard rappresenta uno strumento di programmazione e controllo che traduce la missione e la strategia aziendale in una serie completa di misure di performance.

Integrando metriche finanziarie e non finanziarie, la BSC collega gli obiettivi operativi di breve termine con la visione strategica di lungo termine, garantendo un allineamento tra le azioni quotidiane e gli obiettivi aziendali.

Capitolo VI
Cordialità fa rima con Usabilità

In un mondo in cui la cordialità è da sempre un pilastro fondamentale della pratica farmaceutica, ci troviamo ora di fronte a una nuova sfida: come mantenere questa cordialità nel mondo in continua evoluzione digitale?

Mentre il sorriso e la cortesia al banco possono fare la differenza nell'esperienza del cliente in farmacia, oggi è evidente che la cordialità va ben oltre questo gesto di cortesia.

Non si tratta solo di condividere un sorriso quando qualcuno attende in coda da un po', ma di prendersi cura dei bisogni dei clienti in modo rapido ed efficace, anche nel contesto digitale.

L'avvento dell'e-commerce ha aperto nuove possibilità e sfide per le farmacie e non tutti ancora hanno abbracciato questa evoluzione, ma una cosa è chiara: la freddezza digitale non è accettabile.

Non possiamo permetterci di essere assenti nel mondo digitale, ponendo barriere tra noi e i nostri clienti.

Al contrario, dobbiamo estendere la nostra cordialità anche al mondo online, offrendo servizi rapidi, efficienti e personalizzati che rispondano alle esigenze dei nostri clienti.

Nei progetti di e-commerce che quotidianamente seguo nella mia azienda, diamo forma concreta alla cordialità attraverso lo studio attento di ogni aspetto che caratterizza l'usabilità del sito web.

Ad esempio, una home page completa offre a portata di mano le principali informazioni commerciali, le offerte e gli sconti, le condizioni di acquisto, reso e spedizione. E' buona pratica fornire subito un contatto WhatsApp o un ChatBot che possa soddisfare l'esigenza di una richiesta immediata.

Sui contenuti di Informazione poi non ci si può oggi limitare ad un semplice blog, è importante offrire articoli di approfondimento tagliati sull'esperienza del farmacista, ponendolo come editore digitale sui più ricorrenti bisogni e sulle domande quotidiane del paziente.

In questo quadro rivalutato, i social media diventano così un luogo di conoscenza e vicinanza, anziché un semplice spazio di vendita.

La cordialità nel digitale parte dalla facilità di entrare in contatto con la farmacia per inviare una ricetta velocemente o prenotare un prodotto o un servizio.

Non si tratta solo di fornire un'esperienza di e-commerce, ma di offrire un servizio completo che abbracci anche il lato umano delle interazioni online.

Sottolineo sempre ai Farmacisti come mantenere viva la cordialità nel digitale sia essenziale per il successo a lungo termine delle farmacie online.

Attraverso una combinazione di usabilità intelligente, servizi personalizzati e un approccio autentico alla comunicazione digitale, possiamo costruire relazioni durature con i nostri clienti e differenziarci dalla concorrenza.

La cordialità non è solo una questione di e-commerce; è un valore che permea ogni aspetto della nostra attività, online e offline.

Capitolo VII
Da Fattore Umano a Potenziamento AI in Farmacia

Le farmacie si trovano di fronte a una sfida costante nel gestire le risorse umane, un problema che può diventare un vero e proprio assedio in alcuni casi. La carenza di farmacisti è evidente e, in parte, è dovuta alla crescente sfiducia verso questa professione, che porta alla fuga di talenti. Tuttavia, è proprio in questo scenario che l'intelligenza artificiale può offrire un valido supporto.

Automatizzare i processi e implementare una filiera interna può alleggerire il carico di lavoro e ottimizzare le risorse umane disponibili. Ma non è tutto: gli e-commerce offrono anche un nuovo approccio basato sugli obiettivi, aprendo la farmacia a una crescita delle risorse umane che va oltre il semplice supporto operativo.

L'introduzione di figure manageriali specializzate può contribuire all'evoluzione della farmacia fisica, trasformandola in un'azienda moderna e orientata al futuro. Queste figure non solo gestiscono le operazioni quotidiane, ma guidano anche l'implementazione di nuove tecnologie e strategie per migliorare l'efficienza e l'esperienza del cliente.

L'intelligenza artificiale gioca un ruolo chiave in questo contesto, fornendo strumenti e analisi avanzate che consentono una gestione più efficace delle risorse umane.

Dalle piattaforme di selezione del personale basate sull'IA che aiutano a identificare i candidati migliori, ai sistemi di gestione del personale che ottimizzano la pianificazione dei turni e il monitoraggio delle prestazioni, l'IA offre soluzioni su misura per le esigenze specifiche delle farmacie.

Inoltre, l'integrazione dell'IA nei processi decisionali strategici consente una migliore previsione della domanda, una gestione più efficiente delle scorte e una personalizzazione più accurata dei servizi offerti ai clienti.

In conclusione, passare dal fattore umano al potenziamento con l'intelligenza artificiale rappresenta un passo avanti fondamentale per le farmacie moderne. Questa evoluzione non solo migliora l'efficienza operativa, ma anche la soddisfazione del cliente e la competitività nel mercato farmaceutico in continua evoluzione.

Capitolo VIII
Navigare nel Mercato e Vincere la Sfida del Prezzo

Una delle più grandi false credenze nel mondo dell'e-commerce è che per avere successo sia necessario offrire prezzi bassi. Tuttavia, la realtà è molto più complessa. Mentre è vero che i consumatori sono attratti dai prezzi convenienti e che la concorrenza è spesso basata sul prezzo, la convenienza non è definita esclusivamente dal costo di un prodotto.

Nel contesto dell'e-commerce, così come in una farmacia tradizionale, la creazione di un percorso di acquisto ottimale è fondamentale. Ciò significa curare ogni aspetto dell'esperienza del cliente per garantire il massimo vantaggio all'acquirente.

È importante condurre un'analisi approfondita dei prezzi per comprendere la posizione della propria offerta sul mercato. Questo include valutare il valore di benchmark del mercato e confrontarlo con il proprio posizionamento di negozio. Il nostro cruscotto Balanced ScoreCard per l'e-commerce si rivela essenziale in questo processo, offrendo un'analisi completa delle performance e delle tendenze di mercato.

Inoltre, è cruciale monitorare costantemente il rating dei prodotti e privilegiare i reparti di offerta che mostrano una crescita sostenuta e sono proiettati a continuare a prosperare nel lungo periodo.

Un esempio di opportunità di mercato in continua espansione è rappresentato dalla nutraceutica. Secondo le previsioni del Global Nutraceuticals Market Report, ci si aspetta che il mercato globale della nutraceutica raggiunga i 578,23 miliardi di dollari entro il 2027, con una crescita del 7,8% rispetto al 2020.

Questo dato evidenzia l'importanza di identificare e capitalizzare su settori in crescita come la nutraceutica, adattando l'offerta e la strategia di pricing per massimizzare le opportunità di crescita e di profitto.

Inoltre, è fondamentale considerare le nicchie di mercato, come il ramo degli ausili, dove si trovano pochi fornitori. Queste nicchie offrono un'opportunità unica di differenziarsi e di stabilire margini di profitto più elevati grazie alla minore concorrenza e alla maggiore specializzazione.

È importante oggi per un Farmacista non solo offrire prodotti e servizi, ma anche promuovere una crescita strutturale e una visione a lungo termine per la propria clientela. Questo può implicare l'introduzione di nuove linee di prodotti, l'offerta di servizi innovativi o lo sviluppo di partnership strategiche che aggiungono valore all'esperienza complessiva del cliente.

In conclusione, navigare con successo nel mercato e vincere la sfida del prezzo richiede un approccio strategico e bilanciato.

Non si tratta solo di offrire prezzi competitivi, ma di creare un'esperienza di acquisto completa e di adattarsi alle tendenze e alle opportunità del mercato in evoluzione. Con la giusta analisi e un utilizzo efficace degli strumenti disponibili, è possibile distinguersi dalla concorrenza e prosperare nel mondo sempre più competitivo dell'e-commerce.

Capitolo IX
Fattore www: da Scala Globale a Scala Locale, Cosa Fa Vincere Veramente

Nel mondo affollato del commercio online, la domanda che molti farmacisti si pongono è: perché è importante adottare una mentalità imprenditoriale e abbracciare il digitale per far crescere la propria attività?

È innegabile che ogni azienda abbia come obiettivo principale la crescita, ma ci sono ancora farmacisti che, in completa dissonanza, si lasciano travolgere dalle paure associate alla digitalizzazione.

Alcuni temono che il digitale sia complicato, che non funzioni come ci si aspetta, che comporti perdite finanziarie, o che sia un mondo troppo volatile e imprevedibile.

Altri sono legati all'idea tradizionale di un'azienda basata su mattoni e argomentano che investire nel mondo digitale significhi trascurare gli investimenti fisici già effettuati nella sede fisica della farmacia.

Ciò che veramente fa vincere nel contesto digitale è la mentalità imprenditoriale.

Gli imprenditori sanno valutare il rischio e sono disposti ad accettarlo in cambio della possibilità di crescita e successo.

Essi comprendono che, sebbene ci siano incertezze nel mondo digitale, ci sono anche immense opportunità che possono essere sfruttate con la giusta strategia e gli strumenti adeguati.

La Balanced Scorecard (BSC) si rivela uno strumento indispensabile in questo contesto.

Superando le tradizionali metodologie di gestione basate sull'analisi a posteriori, la BSC consente di anticipare i problemi anziché solo misurarli dopo che si sono verificati.

Questo approccio proattivo consente alle farmacie di evitare o minimizzare le perdite e di crescere in modo sostenibile nel panorama digitale in continua evoluzione.

Oggi, più che mai, è essenziale abbracciare un umanesimo digitale.

Questo significa non solo adottare tecnologie e strumenti digitali, ma anche mantenere al centro delle attività umane i rapporti con i clienti, valorizzando l'empatia, la personalizzazione e la cura nell'esperienza complessiva dell'utente.

Ciò che fa veramente vincere nel mondo digitale non è solo la presenza online su scala globale, ma anche la capacità di adattare questa presenza alle esigenze e alle peculiarità del proprio contesto locale.

È la mentalità imprenditoriale, la volontà di abbracciare il cambiamento e di investire nella crescita, insieme alla presenza di strumenti come la Balanced Scorecard, che consentono alle farmacie di prosperare nel mondo sempre più competitivo e dinamico dell'e-commerce e della digitalizzazione.

Capitolo X
Un eCommerce che Emoziona è un eCommerce che Vende

In un mondo sempre più digitale, la domanda che molti si pongono è: i nostri ecommerce emozionano? Troppo spesso, la risposta è negativa. Tuttavia, ecco la carta vincente per chi desidera veramente distinguersi: puntare sulle emozioni primarie.

L'obiettivo fondamentale di un ecommerce è rendere il cliente felice. Questo significa prendersi cura delle sue paure, stupirlo e meravigliarlo con esperienze uniche.

In caso di problemi, è essenziale garantire un'assistenza completa, in modo che il cliente si senta supportato e valorizzato.

Ma non basta.

È cruciale rafforzare la relazione con il cliente, facendo nascere dei veri sentimenti per il brand. Quando il cliente si sente emotivamente legato al marchio, diventa fedele e propenso a continuare a fare acquisti.

La sfida del Farmacista è confrontarsi con se stesso nella realtà digitale, affrontando i numeri e le aspettative dei clienti. Molte volte, le false obiezioni interne possono ostacolare questo processo. Tuttavia, è importante superarle.

Le false obiezioni, come "non fa per me" o "non avrei tempo", sono radicate in paure e incertezze che possono essere affrontate e superate. Con il giusto approccio e un impegno costante, è possibile creare un ecommerce che non solo soddisfi le esigenze dei clienti, ma li emozioni e li coinvolga in modo profondo.

Un aspetto cruciale è dare voce alle emozioni che si vivono in farmacia. Oltre a chiedere ai farmacisti quali prodotti vendono e che offerte hanno, è importante chiedere loro quali emozioni condividono con i clienti.

Questo permette di trasferire queste esperienze emozionali nel mondo digitale, creando un legame autentico e coinvolgente con i clienti online.

Un ecommerce che emoziona è un ecommerce che vende.

È tempo, davvero, di abbracciare questa sfida e trasformare le nostre piattaforme digitali in luoghi di esperienze memorabili e connessioni autentiche con i clienti e crescita del ruolo del Farmacista.

Capitolo XI
Il Futuro Digitale: Una Nuova Era Umanistica Supportata dall'IA

Nel panorama in costante mutamento del mondo digitale, emerge chiaramente che il futuro non è solo tecnologico, ma anche profondamente umanistico. L'intelligenza artificiale (IA) sta rivoluzionando le nostre vite e le nostre aziende, ma è il modo in cui integriamo queste tecnologie con l'umanità che determinerà il nostro successo nell'era digitale.

È ora di rivedere le prospettive e di comprendere che muoversi verso questa nuova era non è solo un'opzione, ma una necessità impellente. Ogni farmacia, ogni azienda, deve prepararsi a questa trasformazione, adottando un approccio consapevole da imprenditore digitale.

Presto, ogni farmacia dovrà avere il proprio sistema di Intelligenza Artificiale integrato. Se non ci si muove ora per adottare queste tecnologie e assumere una mentalità orientata al futuro, sarà difficile rimanere competitivi.

È essenziale comprendere che investire in se stessi e nella propria evoluzione è la chiave per sopravvivere e prosperare nell'era digitale.

L'adozione precoce di tecnologie come il modello GPT (Generative Pre-trained Transformer) può essere il primo passo verso la creazione di una propria IA personalizzata, adattata allo stile e alle esigenze specifiche della propria azienda. Questo non è solo un investimento nel futuro, ma un modo per differenziarsi dalla concorrenza e per mantenere un vantaggio competitivo nel lungo termine.

Chi rimane immobile e non si adatta alle nuove sfide dell'era digitale rischia di essere inghiottito dall'omologazione e di perdere terreno rispetto ai concorrenti che hanno abbracciato il cambiamento e investito nella propria crescita.

È ora di agire, di muoversi con determinazione verso un futuro digitale che sia non solo tecnologico, ma anche umanistico e consapevole del valore dell'IA come strumento di supporto e miglioramento delle nostre attività e delle nostre vite.

Capitolo XII
Evoluzione della figura degli Informatori Scientifici nell'E-commerce Farmaceutico

Nell'ambito dell'e-commerce farmaceutico, gli informatori scientifici giocano un ruolo cruciale nel facilitare una connessione diretta tra le aziende farmaceutiche e le farmacie locali. Questa collaborazione è fondamentale per garantire non solo una vasta gamma di prodotti farmaceutici di alta qualità, ma anche prezzi competitivi e sconti esclusivi per i clienti.

Gli informatori scientifici, grazie alla loro expertise e alla loro stretta relazione con le aziende, negoziano accordi diretti con i fornitori, consentendo alle farmacie di ottenere condizioni di acquisto vantaggiose. Tuttavia, è importante notare che gli incentivi e gli sconti offerti dagli informatori scientifici sono spesso legati alle vendite locali e non all'e-commerce. Questo può creare una sfida per le farmacie online nel garantire prezzi competitivi ai propri clienti.

Nonostante questa sfida, la collaborazione con gli informatori scientifici rimane essenziale per le farmacie online.

Essi forniscono consulenza specializzata sui prodotti farmaceutici, aiutando i farmacisti a selezionare i migliori prodotti per le esigenze dei loro clienti e offrendo supporto tecnico e scientifico. Questo contribuisce a garantire che le farmacie online mantengano elevati standard di qualità e offrano ai propri clienti un'esperienza di acquisto positiva.

Inoltre, gli informatori scientifici possono svolgere un ruolo chiave nella promozione dei prodotti farmaceutici, fornendo informazioni dettagliate sui benefici e sulle caratteristiche dei prodotti alle farmacie e ai loro clienti.

Questo aiuta a creare fiducia e consapevolezza nei confronti dei prodotti, stimolando le vendite e promuovendo la crescita dell'e-commerce farmaceutico.

In sintesi, nonostante le sfide legate agli incentivi legati alle vendite locali, la collaborazione con gli informatori scientifici rimane fondamentale per il successo dell'e-commerce farmaceutico.

Le farmacie online devono lavorare in sinergia con gli informatori scientifici per garantire una vasta gamma di prodotti di alta qualità e prezzi competitivi per i propri clienti online.

Capitolo XIII
Umanesimo Digitale e Supporto Remoto in Farmacia

Nuove prospettive emergono nell'ambito farmaceutico, in un mondo che abbraccia sempre più l'innovazione digitale e la presenza di figure professionali altamente specializzate che operano in remoto. Sempre più evidente è il ruolo cruciale del Coaching e della Balanced ScoreCard (BSC) come pilastri fondamentali per supportare questa evoluzione e preparare il terreno per l'intelligenza artificiale (IA) del futuro.

L'umanesimo digitale, concetto che fonde l'aspetto umano con le nuove tecnologie digitali, apre nuove porte nelle farmacie di tutto il mondo. Non più limitate alla fisicità dello spazio tradizionale, le farmacie abbracciano un'esperienza più ampia e interconnessa, dove la presenza di figure professionali remote diventa sempre più rilevante.

Il coaching emerge come una figura centrale in questo nuovo panorama. Un consulente esperto non solo nella gestione aziendale e nel marketing, ma anche nel supporto individuale e nell'empowerment del personale farmaceutico. Attraverso il coaching, i farmacisti possono sviluppare competenze di leadership, adattabilità e resilienza necessarie per navigare con successo nel mondo digitale in continua evoluzione.

La Balanced ScoreCard (BSC) si rivela un'incredibile risorsa per la gestione strategica della farmacia. Non solo fornisce un quadro completo delle prestazioni attuali, ma funge da guida strategica per il futuro. Integrandosi con l'IA, la BSC diventa la plancia di controllo da cui attingere per guidare e ottimizzare le operazioni farmaceutiche in modo efficiente e orientato agli obiettivi.

Il connubio tra coaching e BSC si rivela particolarmente potente.

Mentre il coaching supporta lo sviluppo personale e professionale del personale farmaceutico, la BSC fornisce una struttura strategica per misurare e migliorare le prestazioni complessive della farmacia. Questa sinergia prepara il terreno per l'integrazione dell'IA, fornendo dati e direzioni chiare per l'ottimizzazione dei processi e la crescita aziendale.

Guardando al futuro, vediamo un panorama farmaceutico arricchito dall'intelligenza artificiale, supportata da un solido fondamento di umanesimo digitale, coaching e BSC. Questa combinazione unica di risorse umane e tecnologiche promette di trasformare radicalmente il modo in cui le farmacie operano e interagiscono con i propri clienti, ponendo le basi per un servizio più efficiente, personalizzato e orientato al risultato.

L'umanesimo digitale e il supporto remoto In farmacia non rappresentano solo una tendenza emergente, ma piuttosto un'imperativa necessità per rimanere rilevanti e competitive in un mondo sempre più digitalizzato. Investire nel coaching, nella BSC e nell'adozione dell'IA è il passo avanti verso un futuro farmaceutico più luminoso e all'avanguardia.

Capitolo XIV
Trasformare Sogni in Successo:
Il Futuro dell'e-Commerce in Farmacia

Nell'affascinante mondo dell'e-commerce farmaceutico, la sfida non è solo quella di vendere prodotti, ma di abbracciare un nuovo paradigma professionale.

Come professionista, impegnata quotidianamente nelle sfide dello store management, nella transizione ed evoluzione digitale e come coach che supporta start-up sono testimone diretta, con il mio team, di questa evoluzione, un momento importante dove l'imprenditorialità si fonde con l'intelligenza artificiale ed amore e passione per il lavoro diventano ingredienti vitali di eccellenza e successo.

Per i farmacisti di oggi, il segreto del successo non risiede solo nell'ereditare le pratiche delle generazioni passate, ma nell'abbracciare un'evoluzione che unisce tecnologia, intraprenditorialità, innovazione e aspirazioni.

È attraverso l'integrazione di queste componenti che si possono creare esperienze uniche e memorabili per i clienti, che vanno oltre la semplice transazione commerciale.

Le storie di successo nell'e-commerce in Farmacia sono testimonianze di professionisti che hanno coltivato la loro passione per l'innovazione, che hanno abbracciato la sfida imprenditoriale e che hanno portato avanti i loro sogni con determinazione.

Sono storie di visionari che hanno saputo combinare genio e tecnologia per creare esperienze di acquisto straordinarie e impattanti.

Il futuro dell'e-Commerce farmaceutico appartiene a coloro che osano sognare, a coloro che abbracciano il cambiamento e a coloro che sono pronti a scrivere la prossima pagina della storia della farmacia con audacia e determinazione.

È il momento di trasformare i sogni nel cassetto in storie di successo che ispirino e guidino le generazioni future dei Farmacisti professionisti verso una nuova dimensione di Assistenza e Servizio, quella, appunto, dell'Umanesimo digitale.

"Credo che il Cambiamento, anche il più sfidante, nasce da Noi e può essere vissuto come una Passeggiata, se lo affrontiamo con Metodo ... quindi ... FACCIAMO 4 PASSI INSIEME"

Elena Tonengo founder eCOMM4business.com

Edizione 202
www.eCOMM4business.com

www.ingramcontent.com/pod-product-compliance
Lightning Source LLC
LaVergne TN
LVHW051651050326
832903LV00034B/4814